El curso en vivo A1

Extra

Reisebegleiter
Sprachführer

Langenscheidt

Berlin · München · Wien · Zürich
London · Madrid · New York · Warschau

El curso en vivo A1, EXTRA

El curso en vivo A1
von
Dr. Olga Balboa Sánchez, Lourdes Gómez de Olea,
Elisabeth Graf-Riemann, Marlies Heydel, Palmira López Pernía

Beiheft EXTRA: Elisabeth Graf-Riemann

Redaktion: Jutta Ressel M.A.
Umschlag: Theo Scherling und Andrea Pfeifer, München,
unter Verwendung eines Fotos von Getty Images

© 2009 Langenscheidt KG, Berlin und München
Beiheft zu El curso en vivo A1, Lehr- und Arbeitsbuch
ISBN 978-3-468-48235-9

Einleitung

EXTRA – Der optimale Reisebegleiter und Sprachführer für Ihren Aufenthalt in den spanischsprachigen Ländern. Hier ist im praktischen „Westentaschenformat" alles Wichtige prägnant zusammengefasst:

– touristische Inhalte des Lehr- und Arbeitsbuches *El curso en vivo A1*, die Kapitel für Kapitel wiederholt und erweitert werden,

– wichtige Redewendungen und der passende themenbezogene Wortschatz für urlaubstypische Situationen,

– einfache Übungen und Tests zur sofortigen Anwendung des Gelernten, mit Lösungen ab S. 61,

– Platz für Ihre persönlichen Notizen und individuellen Ergänzungen (*Bloc de notas*),

– Informationen über Land und Leute (Wussten Sie, dass ...?).

Inhalt

LECCIÓN 1 und LECCIÓN 2

In den ersten beiden Lecciones *haben Sie gelernt, wie man sich begrüßt, wie man sich vorstellt und wie man über Herkunft, Nationalität und die diversen Sprachkenntnisse redet. Sie wissen bereits, wie man sich nach dem Befinden erkundigt und darauf antwortet und wie man sich voneinander verabschiedet. Sie können also bei Begegnungen mit spanischsprachigen Personen bereits eine Menge Fragen stellen und auch schon einiges erzählen. Hier finden Sie das Wichtigste noch einmal zusammengefasst.*

BEGEGNUNGEN

Ich heiße …, und wie heißen Sie?

Hallo, ich heiße …	Hola, me llamo…
Wie heißen Sie?	¿Cómo se llama?
Wie heißt du?	¿Cómo te llamas?
Und Sie?	¿Y usted?
Und du?	¿Y tú?
Ich bin …	Soy…
Sehr erfreut!	Encantado/-a.
Angenehm!	Mucho gusto.

Mir geht es gut, und Ihnen?

Wie geht's?	¿Qué tal?
Gut, danke.	Bien, gracias.
Wie geht es Ihnen?	¿Cómo está usted?
Wie geht es dir?	¿Cómo estás?
Sehr gut, danke.	Muy bien, gracias.
Es geht so.	Regular.
Schlecht!	¡Mal! / ¡Fatal!

Dankeschön

Danke.	Gracias.
Vielen Dank.	Muchas gracias.
Nichts zu danken.	De nada.
Bitte.	Por favor.

Hallo und tschüss!

Hallo!	¡Hola!
Guten Tag.	Buenos días. / Buenas tardes.
Guten Abend.	Buenas tardes. / Buenas noches.
Tschüss. / Auf Wiedersehen.	Adiós.
Bis gleich!	¡Hasta luego!
Bis morgen!	¡Hasta mañana!

¿Hay un problema?

Ich verstehe nicht.	No comprendo.
Langsamer, bitte.	Más despacio, por favor.
Wie?	¿Cómo?
Lauter, bitte.	Más alto, por favor.
Können Sie das wiederholen?	¿Puede repetir?

BLOC DE NOTAS

Stellen Sie sich vor und erzählen Sie etwas von sich:

Me llamo ....

Soy ....

1. *Sich begrüßen.* Ergänzen Sie die Dialoge.

○ Hola, ¿qué tal?

● M _ _ bien, gracias.

○ B _ _ _ _ _ días. ¿Cómo e _ _ _ usted?

● Bien, gracias, ¿y u _ _ _ _?

○ R _ _ _ _ _ _.

2. *Sich vorstellen.* Ergänzen Sie die Dialoge.

○ Hola, s _ _ Carlos, ¿y tú?

● Yo me ll _ _ _ María.

○ En _ _ _ _ _ _ _, María.

● M _ _ _ _ gusto.

○ Buenos d _ _ _, m _ llamo Víctor Cruz, ¿y usted?

● Yo s _ _ Alba Paz. Encantada.

○ ¿C _ _ _ está, Alba?

3. *Sich nach dem Befinden erkundigen.* Was fragen Sie?

1. ¿Cómo e _ _ _ usted?

2. Hola, ¿qué t _ _?

3. ¿Cómo e _ _ _ _, Pablo?

4. Bien, ¿_ tú?

4. *Nachfragen.* Ergänzen Sie den Dialog mit den folgenden Wörtern.

llamo • así • escribe • se • dos • repetir

○ Me llamo Ingrid Mann.

● ¿Cómo? ¿Puedes ....?

○ Sí, me .... Ingrid Mann.

● ¿Cómo .... escribe?

○ Ingrid se .... con ge y de. Y Mann con .... enes.

● Ah, ¿...................?

○ Sí, muy bien.

SICH KENNENLERNEN

Woher sind Sie? Ich bin aus …

Woher kommen Sie?	¿De dónde es usted?
Woher kommst du?	¿De dónde eres?
Ich bin aus …	Soy de…
Sie kommt aus Spanien.	Ella es de España.
Sie ist Spanierin.	Ella es española.
Er ist Mexikaner.	Él es mexicano.

Sprechen Sie Spanisch?

Welche Sprachen sprichst du?	¿Qué lenguas hablas?
Ich spreche …	Hablo…
Er spricht gut Englisch.	Habla bien inglés.
Sprechen Sie Spanisch?	¿Habla usted español?
Ich spreche ein bisschen Spanisch.	Hablo un poco de español.

Länder, Nationalitäten, Sprachen

Deutschland	Alemania	**Verben**	
Deutscher/	alemán,	heißen	llamarse
Deutsche	alemana	lernen, studieren	estudiar
deutsch	alemán	sein	ser
Spanien	España	sprechen	hablar
Spanier/in	español/a	üben	practicar
Österreich	Austria		
Österreicher/in	austriaco/-a	**Fragewörter**	
Schweiz	Suiza	Was? /	¿Qué?
Schweizer/in	suizo/-a	Welche/r/s?	
England	Inglaterra	Wie?	¿Cómo?
Engländer/in	inglés/-esa	Wo?	¿Dónde?
Frankreich	Francia	Woher? /	¿De dónde?
Franzose	francés	Von wo?	
Französin	francesa		
Mexikaner/in	mexicano/-a		
Russe/-in	ruso/-a		
USA	Estados Unidos		
	mPl		

5. *Nach der Herkunft fragen.* **Setzen Sie die folgenden Wörter ein.**

tú · mexicana · De · dónde · Soy · es · de

○ ¿De .... eres?

● Soy .... Alemania, de Berlín. ¿y ....?

○ Yo soy ....

○ ¿De dónde .... usted?

● .... de España.

○ Ah, ¿y de dónde?

● .... Valencia.

6. *Seine Sprachkenntnisse angeben*. Setzen Sie die folgenden Wörter ein.

bien • Practicas • poco • un • alemán

1. ¡Hablas muy .... español!

2. No, hablo sólo un ....

3. ¿Habla usted .... ?

4. Sí, hablo alemán, inglés y .... poco de francés.

5. Hablas bien español. ¿.................... mucho?

7. *Das Allerwichtigste*. Wie drücken Sie das auf Spanisch aus?

Wie geht es Ihnen? ....

Ich bin Sandra. ....

Sehr erfreut. ....

Könnten Sie das bitte wiederholen? ....

Woher kommen Sie? ....

Ich komme aus Österreich. ....

> **Wussten Sie, dass …?**
> … nicht nur junge Leute oder Freunde sich mit *¡Hola!* begrüßen und mit *¡Hasta luego!* verabschieden? Denken Sie daran, die Grußformeln *buenos días*, *buenas tardes* und *buenas noches* der Tageszeit entsprechend zu verwenden. Am besten, Sie richten sich dabei nach den Essenszeiten: vor dem Mittagessen: *buenos días*; danach bis zum Abendessen: *buenas tardes*; ab 22 Uhr: *buenas noches*.

LECCIÓN 3

In dieser Lección *haben Sie gelernt, über Berufe und Arbeitsstellen zu sprechen. Sie haben verschiedene Berufsbezeichnungen kennengelernt und können nun persönliche Daten wie Wohnort, Adresse, Telefonnummer, Handynummer oder Ihre E-Mail-Adresse angeben. Sie sind jetzt in der Lage, mit spanischsprachigen Personen Kontaktdaten auszutauschen und sich über Ihre berufliche Situation zu unterhalten.*

BERUF UND ARBEIT

Was machen Sie beruflich?

Was machen Sie?	¿Qué hace?
Ich bin Krankenschwester.	Soy enfermera.
Was machst du? Arbeitest du?	¿Qué haces? ¿Trabajas?
Nein, ich studiere.	No, estudio.
Was studierst du?	¿Qué estudias?
Ich studiere Medizin.	Estudio medicina.
Was machen Sie beruflich?	¿A qué se dedica usted?
Ich bin Journalist/in.	Yo soy periodista.

Berufe

Angestellte/r	empleado/-a
Arzt/Ärztin	médico/-a
Hausfrau	ama de casa *w*
Informatiker/in	informático/-a
Ingenieur/in	ingeniero/-a
Journalist/in	periodista *m*, *w*
Kellner/in	camarero/-a
Koch/Köchin	cocinero/-a
Krankenpfleger/ -schwester	enfermero/-a
Lehrer/in	profesor/a
Mechaniker/in	mecánico/-a
Rentner/in	jubilado/-a
Sekretär/in	secretario/-a
Student/in	estudiante *m*, *w*
Taxifahrer/in	taxista *m*, *w*
Verkäufer/in	dependiente/-a

Arbeitsplätze

Büro	oficina *w*
Café	café, bar *m*
Firma	empresa *w*
Krankenhaus	hospital *m*
Laden, Geschäft	tienda *w*
Restaurant	restaurante *m*
Schule	colegio *m*
Werkstatt	taller *m*
Zeitung	periódico *m*
zu Hause	en casa

Verben

arbeiten	trabajar
machen	hacer
studieren	estudiar
arbeitslos sein	estar en paro

BLOC DE NOTAS

Was machen Sie beruflich? Erzählen Sie:

¿A qué se dedica? ....

¿Dónde trabaja/estudia? ....

¿Es un trabajo interesante? ....

---

1. *Nach dem Beruf fragen.* Ergänzen Sie den Dialog mit folgenden Wörtern.

estudia · hospital · interesante · trabaja · estudio · hace · enfermera · dedica

○ ¿A qué se d _ _ _ _ _ ?

● Soy e _ _ _ _ _ _ _ _ .

○ ¿Dónde t _ _ _ _ _ _ usted?

● En el h _ _ _ _ _ _ _ San Juan de la Cruz.
  Y usted, ¿qué h _ _ _ ?

○ Yo e _ _ _ _ _ _ .

● Ah, i _ _ _ _ _ _ _ _ _ _ _. ¿Y qué e _ _ _ _ _ _ ?

○ Economía.

2. *Über Beruf und Arbeitsstelle sprechen.* Ergänzen Sie die Sätze.

1. ¿Dónde trabaja un médico?   En un ....

2. ¿Dónde trabaja una ama de casa ?   ....

3. ¿Dónde trabaja una periodista?   ....

4. ¿Dónde trabaja un camarero?   ....

3. *Verneinen.* Beantworten Sie die folgenden Fragen mit Nein.

○ ¿Trabajas?   ● No, _ _ trabajo, estudio.

○ ¿Estudias Medicina?   ● _ _, no estudio Medicina.

○ ¿Eres profesora?   ● No, no _ _ _ profesora.

○ ¿Trabajas en un restaurante?   ● No, _ _ _ _ _ _ _ en un bar.

PERSÖNLICHE DATEN

Wo wohnen Sie?

Wo wohnen Sie?	¿Dónde vive usted?
In der Bäckerstraße.	En la Bäckerstraße.
Welche Hausnummer?	¿En qué número?
Nummer 36.	En el número 36.
Ich wohne am Baldeplatz Nummer 88.	Vivo en Baldeplatz, número 88.
In welchem Stockwerk?	¿En qué piso?
Im dritten Stock.	En el tercer piso.
Im fünften Stock links.	En el quinto piso izquierda.
Im Erdgeschoss rechts.	En la planta baja derecha.
Wo wohnst du?	¿Dónde vives?
Ich wohne in Wien.	Vivo en Viena.

Wie ist Ihre Telefonnummer?

Wie ist Ihre Telefonnummer?	¿Cuál es su número de teléfono?
Es ist die 089-98 02 234.	Es el 089-98 02 234.
Haben Sie Fax?	¿Tiene usted fax?
Ja, aber ich weiß die Nummer nicht.	Sí, pero no sé el número.
Haben Sie ein Handy?	¿Tiene móvil?
Ja, die Handynummer ist …	Sí, el número del móvil es...
Haben Sie eine E-Mail-Adresse?	¿Tiene correo electrónico?
Wie ist deine E-Mail-Adresse?	¿Cuál es tu dirección electrónica?
Tina20@gmx.de	Tina20, arroba, g-m-x, punto, d-e.

Adresse, Wohnort

Herr	señor *m*	4. / 5. Stock	carto / quinto
Frau	señora *w*		piso *m*
Straße	calle *w*	Souterrain,	sótano *m*
Platz	plaza *w*	Keller	
Nummer	número *m*		
links	izquierda *w*	**Verben**	
rechts	derecha *w*	bekommen	recibir
Erdgeschoss	planta baja *w*	brauchen	necesitar
1. / 2. / 3. Stock	primer /	funktionieren	funcionar
	segundo /	verkaufen	vender
	tercer piso *m*	wohnen	vivir

4. *Nach der Adresse fragen.* **Ergänzen Sie den Dialog mit folgenden Wörtern.**

número · el · Vivo · vives · Dónde · gracias · plaza · nada · izquierda

○ ¿D _ _ _ _ vives?

● V _ _ _ en la calle Pablo Picasso.

○ ¿En qué n _ _ _ _ _ ?

● En _ _ treinta y cinco. Y tú, ¿dónde v _ _ _ _ ?

○ En la p _ _ _ _ Urrutia, número ciento veinte, segundo,
  i _ _ _ _ _ _ _ _ .

● Ah, muchas g _ _ _ _ _ _ .

○ De n _ _ _ .

5. *Nach dem Wohnort fragen.* **Ergänzen Sie die Sätze mit den folgenden Wörtern.**

en · usted · Vivo · vive · Suiza

○ ¿Dónde v _ _ _ usted?

● V _ _ _ en Stuttgart. ¿Y usted?

○ Vivo _ _ Bilbao.

○ ¿Vive u _ _ _ _ en Austria?

● No, vivo en S _ _ _ _ , en Berna.

6. *Über die Arbeit sprechen.* **Ergänzen Sie die passenden Verben.**

Tengo · Soy · necesito · funciona · llamo · tengo · soy

Hola, me l _ _ _ _ Juana.

S _ _ informática.

T _ _ _ _ una empresa pequeña.

Yo s _ _ la jefa y la gerente.

La empresa f _ _ _ _ _ _ _ muy bien.

Tengo mucho trabajo y n _ _ _ _ _ _ _ poco capital.

Además t _ _ _ _ mucho contacto con los clientes.

7. *Das Allerwichtigste.* Wie drücken Sie das auf Spanisch aus?

Was machen Sie beruflich? ....

Wo arbeiten Sie? ....

Studierst du oder arbeitest du? ....

Wo wohnst du? ....

In welcher Straße wohnen Sie? ....

Wie ist Ihre Telefonnummer? ....

Hast du ein Handy? ....

Wie ist deine E-Mail-Adresse? ....

Wussten Sie, dass ...?
... sich an spanischen Klingelschildern keine Namen befinden? Wenn
Sie jemanden in einem Mehrparteienhaus besuchen möchten, reicht es
also nicht, wenn Ihnen Straße und Hausnummer bekannt sind. Sie
müssen zudem wissen, in welchem Stock Ihr Bekannter oder Ihre
Bekannte wohnt, ob rechts oder links, A, B oder C. Die Angabe *Calle
Princesas, número 124* genügt nicht. Sie brauchen die Information
tercero derecha oder *cuarto B*. Sonst müssen Sie auf gut Glück bei
jemandem läuten.

LECCIÓN 4

In dieser Lección *haben Sie gelernt, jemanden vorzustellen und über Freunde und Ihre Familie zu sprechen. Sie sind jetzt in der Lage, Personen zu beschreiben: ihr Aussehen, ob sie eine Brille tragen oder einen Bart, ob sie verheiratet sind oder Single, ob sie nett sind, schüchtern oder vielleicht auch ein bisschen ernst. Hier finden Sie die wichtigsten Redemittel noch einmal im Überblick. Nun können Sie Ihre Kenntnisse testen.*

JEMANDEN VORSTELLEN

Neue Gesichter

Wer ist das?	¿Quién es?
Das ist Pilar, die Frau von Miguel.	Esta es Pilar, la mujer de Miguel.
Das ist der Bruder von Natalia.	Este es el hermano de Natalia.

Nach dem Alter fragen

Wie alt bist du?	¿Cuántos años tienes?
Ich bin … Jahre alt.	Tengo… años.
Wie alt ist er/sie?	¿Cuántos años tiene?
Er/Sie ist … alt.	Tiene… años.

Verwandtschaftsbezeichnungen

Bruder	hermano *m*	Kinder	hijos *mPl*
(Ehe-)Frau	mujer *w*	Mutter	madre *w*
(Ehe-)Mann	marido *m*	Neffe	sobrino *m*
Eltern	padres *mPl*	Nichte	sobrina *w*
Enkel/in	nieto/-a	Onkel	tío *m*
fester Freund, Verlobter	novio *m*	Schwager	cuñado *m*
		Schwägerin	cuñada *w*
feste Freundin, Verlobte	novia *w*	Schwester	hermana *w*
		Sohn	hijo *m*
Geschwister	hermanos *mPl*	Tante	tía *w*
Großmutter	abuela *w*	Tochter	hija *w*
Großvater	abuelo *m*	Vater	padre *m*

1. *Jemanden vorstellen.* Setzen Sie die folgenden Wörter ein.

estas • años • mis • hermana • cuántos • tiene • gusto

○ Mira, Roberto, estos son m _ _ padres, Ramón y Antonia.

● Mucho g _ _ _ _.

▲ Encantados.

○ Y e _ _ _ _ dos son mis sobrinas Abi y Tita.

● Hola, Abi, ¿c _ _ _ _ _ _ años tienes?

■ Tengo 12 a _ _ _ .

● ¿Y tu h _ _ _ _ _ _ ?

■ Ella t _ _ _ _ 14.

ÜBER FAMILIE UND FREUNDE SPRECHEN

Jemanden beschreiben

Sie ist jung.	Es joven.
Er ist schon älter.	Ya es mayor.
Sie trägt das Haar sehr kurz.	Lleva el pelo muy corto.
Er hat blaue Augen.	Tiene los ojos azules.
Sie ist ziemlich hübsch.	Es bastante guapa.
Er hat gelocktes Haar.	Tiene el pelo rizado.
Sie trägt eine Brille.	Lleva gafas.
Er trägt einen Schnurrbart.	Lleva bigote.

Farben

blau	azul
braun	marrón
gelb	amarillo/-a
grau	gris
grün	verde
rot	rojo/-a
schwarz	negro/-a
weiß	blanco/-a

Aussehen

Augen	ojos *mPl*
blond	rubio/-a
dunkelhaarig	moreno/-a
Haar	pelo *m*
Schnurrbart	bigote *m*
Vollbart	barba *w*

Verben

| haben | tener |
| tragen | llevar |

Adjektive

		Charaktereigenschaften	
älter	mayor	ernst	serio/-a
jung	joven	großzügig	generoso/-a
dick	gordo/-a	interessant	interesante
schlank	delgado/-a	langweilig	aburrido/-a
groß	alto/-a	lustig	divertido/-a
klein	pequeño/-a	nett	amable
kurz	corto/-a	offen	abierto/-a
lang	largo/-a	schüchtern	tímido/-a
glatt	liso/-a	sympathisch	simpático/-a
lockig	rizado/-a	unsympathisch	antipático/-a

BLOC DE NOTAS

Wählen Sie eine Person aus Ihrer Familie oder Ihrem Freundeskreis aus und beschreiben Sie sie:

Es ....

Tiene ....

Lleva ....

¿Quién es? Es ....

---

2. *Eine Person beschreiben*. Ergänzen Sie die Sätze mit den folgenden Wörtern.

Tiene · Lleva · mayor · delgado · hijos · negros · nietos

1. Mi abuelo es muy m _ _ _ _. Tiene 85 años.

2. T _ _ _ _ el pelo blanco y los ojos n _ _ _ _ _ .

3. Es bastante d _ _ _ _ _ _ _ .

4. L _ _ _ _ bigote y siempre lleva un sombrero.

5. Tiene tres h _ _ _ _ y siete n _ _ _ _ _ .

3. *Über Freunde sprechen.* **Ergänzen Sie die folgenden Eigenschaften. Achten Sie dabei auf die richtige Form (männlich/weiblich sowie Singular/Plural).**

tímido/-a • mejor • serio/-a • simpático/-a • soltero/-a • rubio/-a • largo/-a • moreno/-a • azul

1. Irene es la m _ _ _ _ amiga de Luis.

2. Ella es bastante t _ _ _ _ _ , pero muy s _ _ _ _ _ _ _ _ .

3. Sus amigos Juan y José son un poco s _ _ _ _ _

4. Juan es r _ _ _ _ y tiene los ojos a _ _ _ _ _ .

5. José es m _ _ _ _ _ y lleva el pelo muy l _ _ _ _ .

6. Los dos están s _ _ _ _ _ _ _ .

Über den Familienstand sprechen

Ich bin nicht verheiratet.	No estoy casado/-a.
Er ist geschieden.	Él está divorciado.
Ich lebe getrennt.	Vivo separado/-a.
Sie lebt allein.	Vive sola.
Hast du eine Freundin?	¿Tienes novia?
Mein Freund lebt in Valencia.	Mi novio vive en Valencia.
Ich habe keine Kinder.	No tengo hijos.
Ich habe zwei Kinder.	Tengo dos hijos.

Familienstand

geschieden	divorciado/-a	**Verben**	
getrennt	separado/-a	sein	estar
ledig; Single	soltero/-a	haben	tener
verheiratet	casado/-a	leben	vivir
verwitwet	viudo/-a		

4. *Den Familienstand angeben*. Ergänzen Sie die folgenden Wörter.

separado • soltera • casada • novia • solo • soltero • mujer

1. ¿Estás c _ _ _ _ _, Helena?

2. No, estoy s _ _ _ _ _ _ .

3. Raúl está s _ _ _ _ _ _. Vive con su n _ _ _ _.

4. ¿Vives s _ _ _, Luis?

5. Vivo con mi hijo. Estoy s _ _ _ _ _ _ _ .

6. Mi m _ _ _ _ vive en Barcelona.

5. *Über persönliche Beziehungen sprechen*. Ergänzen Sie die Lücken.

○ ¿Cómo se llama _ _ hija?

● _ _ hija se llama Teresa.

○ ¿Dónde viven _ _ _ dos hijos?

● _ _ _ dos hijos viven con _ _ madre.

○ ¿Quién es Adán?

● Es n _ _ _ _ _ _ perro.

6. *Das Allerwichtigste*. Wie drücken Sie das auf Spanisch aus?

Sind Sie verheiratet? ....

Leben Sie allein? ....

Haben Sie Kinder? ....

Wie viele Kinder haben Sie? ....

Hast du einen Freund / eine Freundin? ....

Wussten Sie, dass …?
… die Familie in Spanien und auch in Lateinamerika immer noch eine sehr wichtige Rolle spielt? Sich nach der Familie zu erkundigen, gehört zum normalen Kontakt einfach mit dazu und ist als Smalltalk beliebt. Dabei bleiben die Fragen immer höflich und eher an der Oberfläche. So bringen Sie Ihrem Gegenüber Interesse entgegen.

LECCIÓN 5

In dieser Lección *haben Sie gelernt, wie und wo Sie Dinge für den täglichen Gebrauch einkaufen können, welche Einkaufsmöglichkeiten es gibt und wo die Spanier normalerweise ihre Einkäufe erledigen. Nun möchten Sie in einen Supermarkt oder einen Souvenirladen gehen und dort einkaufen. Wenden Sie die Redemittel an, die Sie in* Lección 5 *gelernt haben.*

EINKAUFEN

Fragen, wo es was gibt

Wo gibt es Briefmarken?	¿Dónde se compran sellos?
Haben Sie Briefumschläge?	¿Tiene / Tienen sobres?

In einem Laden einkaufen

Ich möchte / Ich hätte gern diese Postkarten.	Quería estas postales.
Kann ich den Stadtplan sehen?	¿Puedo ver ese plano de la ciudad?
Kann ich noch einen anderen sehen?	¿Puedo ver otro?
Ich bin dran.	Me toca a mí.
Ich möchte mich nur umsehen.	Quería sólo mirar.
Kann ich das anprobieren?	¿Puedo probármelo?
Wie viel kostet das?	¿Cuánto cuesta?
Wie viel macht das zusammen?	¿Cuánto es en total?
Ich nehme es.	Me lo llevo.
Das ist ein Geschenk.	Es un regalo.
Kann ich mit Kreditkarte bezahlen?	¿Puedo pagar con tarjeta de crédito?
Danke, das ist alles (*wörtl.*: nichts mehr).	Gracias, nada más.
Das ist sehr schön.	Es muy bonito.
Ich nehme es nicht. Es ist zu teuer.	No me lo llevo. Es muy caro.

Den Verkäufer verstehen

¿A quién le toca?	Wer ist dran?
¿Qué desea / desean?	Was wünschen Sie (*Sing/Pl*)?
¿Algo más?	Noch etwas?
¿Quiere probárselo?	Möchten Sie es (an)probieren?
¿Se lo lleva?	Nehmen Sie es?
Pase por caja, por favor.	Bezahlen Sie bitte an der Kasse.

No se aceptan tarjetas de crédito.
Sólo en efectivo.

Wir akzeptieren keine Kreditkarten.
Nur Barzahlung.

Im Mode- oder Schuhgeschäft

Ich hätte gern ein rotes T-Shirt.	Quería una camiseta roja.
Welche Größe haben Sie?	¿Qué talla tiene?
Größe 40.	La cuarenta.
Kann ich noch ein anderes Modell sehen?	¿Puedo ver otro modelo?
Gibt es noch eine andere Farbe?	¿Hay otro color?
Welche Schuhgröße haben Sie?	¿Qué número calza?
Größe 39.	El treinta y nueve.

Geschäfte

Apotheke	farmacia w	Schuhgeschäft	zapatería w
Bäckerei	panadería w	Sportgeschäft	tienda de deportes w
Bank	banco m		
Boutique	tienda de modas w	Supermarkt	supermercado m
Buchhandlung	librería w	Tabakladen	estanco m
Einkaufszentrum	centro comercial m		
		An der Kasse	
Fischgeschäft	pescadería w	Geld	dinero m
Geschäft	tienda w, almacén m	Kreditkarte	tarjeta de crédito w
Kaufhaus	grandes almacenes mPl	Münze	moneda w
Kiosk	quiosco m	Preis	precio m
Konditorei	pastelería w	Sonderangebot	oferta w
Lebensmittelladen	tienda de alimentación w	Tüte	bolsa w
		Wechselgeld	cambio m
Markt	mercado m		
Metzgerei	carnicería w	Verben	
Obst- und Gemüseladen	frutería w	bezahlen	pagar
		einkaufen gehen	ir de compras
Post	Correos mPl	kaufen	comprar
Reisebüro	agencia de viajes w	öffnen	abrir
		schließen	cerrar
Schreibwarenladen	papelería w	umtauschen	cambiar
		verkaufen	vender
		verpacken	envolver

¿Hay un problema?

Wie funktioniert das?	¿Cómo funciona?
Entschuldigen Sie, aber das ist kaputt.	Perdone, pero está roto.
Ich glaube, es funktioniert nicht.	Creo que no funciona.
Ich möchte das umtauschen.	Quería cambiarlo.
Ich möchte mein Geld zurück.	Quiero que me devuelvan el dinero.
Ich habe nicht genügend Geld dabei.	No tengo suficiente dinero.
Gibt es hier einen Geldautomaten?	¿Hay un cajero automático por aquí?

BLOC DE NOTAS

Sie möchten in Spanien Kleidung oder Schuhe kaufen. Notieren Sie Ihre Kleidergröße und Ihre Lieblingsfarben:

Tengo la talla ....

Calzo el número ....

Mis colores favoritos son .... y ....

---

1. *Das Wichtigste beim Einkaufen.* **Ordnen Sie Fragen und passende Antworten einander zu:**

1.	¿A quién le toca?	a)	Nada más, gracias.
2.	¿Con tarjeta o en efectivo?	b)	Sí, me los pruebo.
3.	¿Algo más?	c)	Me toca a mí.
4.	¿Se lo lleva?	d)	El número 42.
5.	¿Qué talla tiene?	e)	Quería unas gafas de sol.
6.	¿Qué número calza?	f)	Sí, me lo llevo.
7.	¿Qué desea?	g)	La 38.
8.	¿Quiere probárselos?	h)	En efectivo.

2. *Im Buchladen oder am Kiosk einkaufen.* **Vervollständigen Sie die Sätze:**

quería • es • tiene • llevo • cuesta • puedo

1. ¿ _ _ _ _ _ un plano de la ciudad?
2. _ _ _ _ _ _ un periódico alemán.
3. ¿Cuánto _ _ _ _ _ _ esta guía?
4. Me la _ _ _ _ _ .
5. ¿ _ _ _ _ _ ver esas postales?
6. ¿Cuánto _ _ en total?

3. *Sich für ein Produkt entscheiden.* **Ergänzen Sie die Sätze:**

○ ¿Se lleva los zapatos?

● Sí, me _____ _____. Son muy b_____s. (*hübsch, schön*)

○ ¿Se las lleva?

● ¿Las gafas de sol? No, no ___ las ll_____. Son _____ _____.
(*sehr teuer*)

○ ¿Se lleva esta cámara?

● No, creo que no f_____. (*funktioniert nicht*)

○ ¿Se lleva el reloj?

● No, no ___ ___ llevo. No tengo suficiente dinero.

4. *Das Allerwichtigste.* **Wie drücken Sie das auf Spanisch aus?**

Wo gibt es Zeitungen? ....

Haben Sie Briefmarken? ....

Wo gibt es Batterien zu kaufen? ....

Wie viel macht das? ....

Wie viel kostet die Uhr? ....

Kann ich diese Sonnenbrille sehen? ....

Kann ich mit Karte bezahlen? ....

LECCIÓN 6

In dieser Lección *haben Sie gelernt, über Gerichte bzw. Getränke und die dafür nötigen Zutaten zu sprechen und sich darüber zu unterhalten, was Sie gerne essen und was Ihnen nicht so gut schmeckt.*
Da Sie mittlerweile eine Speisekarte lesen können, bereitet es Ihnen kein Problem, sich das richtige Menü auszusuchen. Sie können nun also ganz entspannt im Restaurant «La trucha» („Die Forelle") Ihr Essen bestellen, sogar noch etwas nachbestellen, um die Rechnung bitten und am Schluss bezahlen. Probieren Sie es einfach aus!

ESSEN UND TRINKEN

Lebensmittel

Brot	pan *m*	ein Dutzend	una docena
Eier	huevos *mPl*	ein halbes	media docena
Fisch	pescado *m*	Dutzend	
Fleisch	carne *w*	ein Liter	un litro
Gemüse	verduras *wPl*	ein Päckchen	un paquete
Joghurt	yogur *m*	eine Dose	una lata
Kartoffeln	patatas *wPl*	eine Flasche	una botella
Käse	queso *m*	eine Stange	una barra
Obst	fruta *w*	(Brot)	
Olivenöl	aceite *m* de oliva		
Reis	arroz *m*		

Geschmacksrichtungen

salzig	salado/-a
bitter	amargo/-a
heiß	caliente
kalt	frío/-a
sauer	ácido/-a
scharf	picante
süß	dulce

Reis	arroz *m*
Salz	sal *w*
Tomaten	tomates *mPl*

Mengenangaben

1,5 kg	un kilo y medio
1/2 kg	medio kilo
100 Gramm	cien gramos

1. *Im Lebensmittelgeschäft.* Ergänzen Sie die folgenden Wörter.

docena • Quería • gramos • Medio • barra • litro

1. Q _ _ _ _ _ una botella de vino tinto.

2. M _ _ _ _ kilo de patatas, por favor.

3. Cien g _ _ _ _ _ de jamón.

4. Quería una b _ _ _ _ de pan.

5. ¿Tiene huevos? Quería media d _ _ _ _ _ .

6. Un l _ _ _ _ de leche, por favor.

IM RESTAURANT

Bestellen

Als ersten Gang (Vorspeise) möchte ich …	De primero quería…
Als Hauptgericht (zweiten Gang) nehme ich …	De segundo tomo…
Für mich einen Salat.	Para mí, una ensalada.
Für mich einen Pudding, bitte.	Yo, un flan, por favor.
Und eine Flasche Mineralwasser.	Y una botella de agua mineral.
Für mich einen Espresso.	Para mí, un café.

Die Fragen des Kellners / der Kellnerin verstehen

¿Qué van a tomar?	Was nehmen Sie? (Haben Sie schon gewählt?)
¿Y para beber?	Und zu trinken?
Para beber, ¿quieren vino?	(Zu trinken) möchten Sie Wein?
Y de segundo, ¿qué quiere?	Was nehmen Sie als Hauptgang?
¿Quieren postre?	Möchten Sie eine Nachspeise?
¿Van a tomar café?	Möchten Sie Kaffee?
¿Toman algo más?	Möchten Sie noch etwas (zu trinken)?

Bezahlen

Die Rechnung, bitte!	La cuenta, por favor.
Ich möchte bezahlen. (*in einem Lokal*)	¿Me cobra, por favor?

El menú   Speisekarte

Primeros *mPl*	Erster Gang, Vorspeisen	Pescado *m* y mariscos *mPl*	Fisch und Meeresfrüchte
Ensalada mixta *w*	gemischter Salat	Gambas *wPl*	Garnelen
Gazpacho andaluz *m*	kalte Gemüsesuppe	Lenguado *m*	Seezunge
Sopa de fideos *w*	Nudelsuppe	Mejillones *mPl*	Miesmuscheln
		Merluza *w*	Seehecht
		Pez espada *m*	Schwertfisch
		Pulpo *m*	gr. Tintenfisch
		Salmón *m*	Lachs

* * *

Segundos *mPl*	Hauptgang
Paella *w*	Reispfanne
Sardinas a la brasa *wPl*	gegrillte Sardinen
Calamares a la romana *mPl*	panierte Tintenfischringe
Pinchos *mPl*	Fleischspieße
Carne *w*	Fleisch-(gerichte)
Bistec *m*	Steak
– a la inglesa	– blutig
– poco pasado	– medium
– bien pasado	– gut durch
Carne de cerdo *w*	Schweinefleisch
Carne de vaca *w*	Rindfleisch
Cordero *m*	Lamm
Ternera *w*	Kalbfleisch
Aves *wPl*	Geflügel
Pollo *m*	Hühnchen
Pato *m*	Ente

* * *

Guarnición *w*	Beilagen
Arroz *m*	Reis
Pasta *w*	Nudeln
Patatas fritas *wPl*	Pommes frites

* * *

Postres *mPl*	Nachspeisen
Crema catalana *w*	Eiercreme
Flan *m*	Pudding
Helado *m*	Eis
– de chocolate *m*	– Schokolade
– de vainilla *w*	– Vanille
– de fresa *w*	– Erdbeere
– con nata *w*	– mit Sahne

Bebidas — Getränke

Bebidas calientes *wPl*	Heiße Getränke
Café (solo) *m*	Espresso
Café con leche *m*	Milchkaffee
Cortado *m*	Espresso mit Milch
Chocolate *m*	Kakao, heiße Schokolade
Té *m*	schwarzer Tee
Infusión *w*	Kräutertee

* * *

Refrescos *mPl*	Erfrischungsgetränke
Agua mineral *w* con/sin gas *m*	Mineralwasser mit/ohne Kohlensäure

Limonada *w*	Limonade
Zumo de naranja *m*	Orangensaft

* * *

Bebidas alcohólicas *wPl*	Alkoholische Getränke
Cava *m (!)*	Sekt
Cerveza *w*	Bier
Jerez *m*	Sherry
Vino *m*	Wein
– blanco	– weiß
– tinto	– rot
– rosado	– rosé

Auf dem Tisch

Brot	pan *m*
Butter	mantequilla *w*
Essig	vinagre *m*
Öl	aceite *m*
Pfeffer	pimienta *w*
Salz	sal *w*
Zucker	azúcar *m*

Besteck & Co.

Besteck	cubierto *m*
Gabel	tenedor *m*
Glas	vaso *m*
Löffel	cuchara *w*
Messer	cuchillo *m*
Serviette	servilleta *w*
Teller	plato *m*

Wie schmeckt es?

ausgezeichnet	excelente
frisch	fresco/-a
köstlich	delicioso/-a
lecker	rico/-a

Verben

bestellen	pedir
bezahlen	pagar
essen	comer
kassieren	cobrar
nehmen, trinken	tomar
trinken	beber

2. *Im Restaurant bestellen.* Ergänzen Sie folgende Wörter.

helado · segundo · tomar · postre · mineral · primero · beber

○ Buenos días. ¿Qué van a t _ _ _ _ ?

● De p _ _ _ _ _ _ quería una ensalada mixta.

   De s _ _ _ _ _ _ quiero sardinas.

■ Para mí también.

○ ¿Y para b _ _ _ _ ?

● Una botella de vino y una de agua m _ _ _ _ _ _ .

○ ¿Quieren p _ _ _ _ _ ?

● Yo, no.

▲ Para mí, un h _ _ _ _ _ .

¿Hay un problema?

Bringen Sie mir bitte eine Gabel?	¿Me trae un tenedor, por favor?
Bringen Sie uns noch etwas Brot?	¿Nos trae un poco más de pan?
Noch zwei Bier, bitte.	Otras dos cervezas, por favor.
Es fehlt ein Löffel.	Falta una cuchara.
Das Bier ist nicht für mich.	La cerveza no es para mí.
Ich habe keinen Wein bestellt.	No he pedido vino.

BLOC DE NOTAS

Wählen Sie aus der Speisekarte ein Menü und ein Getränk aus und bestellen Sie.

Quería de primero, ...

De segundo, ...

De postre, ...

Para beber, ...

3. *Etwas nachbestellen.* Vervollständigen Sie die Sätze.

más · trae · Otra · otro · das

1. O _ _ _ cerveza, por favor.
2. ¿Nos trae m _ _ arroz, por favor?
3. ¿Me t _ _ _ un cuchillo, por favor?
4. ¿Miguel, me d _ _ el pan?
5. Quería o _ _ _ vino, por favor.

4. *Das Allerwichtigste.* Wie drücken Sie das auf Spanisch aus?

Mögen Sie Wein? ....

Ich mag keinen Fisch. ....

Als Hauptgang nehmen wir ....

Wir möchten keine Nachspeise. ....

Die Rechnung, bitte! ....

LECCIÓN 7

In dieser Lección *haben Sie gelernt, über einen Ort oder eine Stadt zu sprechen und sich mit touristischen Reiserouten zu befassen. Sie haben selbst eine Reise geplant und eine Postkarte geschrieben. Außerdem wissen Sie jetzt, wie Sie ein Hotelzimmer reservieren.*
Nun bekommen Sie noch weitere praktische Tipps, zum Beispiel, wie Sie sich als Gast im Hotel verhalten, wenn Sie Sonderwünsche haben oder wenn Mängel auftreten.

IM HOTEL

Reservieren

Haben Sie freie Zimmer?	¿Tienen habitaciones libres?
Ich möchte ein Zimmer reservieren.	Quería reservar una habitación.
Wir hätten gern ein Doppelzimmer mit Bad.	Queríamos una habitación doble con baño.
Ich möchte ein Einzelzimmer.	Quería una habitación individual.
Wie viel kostet das Zimmer pro Nacht?	¿Cuánto cuesta la habitación por noche?
– mit Frühstück	– con desayuno
– mit Halbpension	– con media pensión
– mit Vollpension	– con pensión completa
Ist der Preis pro Zimmer oder pro Person?	¿El precio es por habitación o por persona?
Hat das Zimmer Meerblick?	¿La habitación tiene vista al mar?
Hat das Zimmer eine Klimaanlage?	¿La habitación tiene aire acondicionado?
Kann ich das Zimmer sehen?	¿Puedo ver la habitación?
Das Zimmer gefällt mir (nicht).	La habitación (no) me gusta.
Haben Sie ein anderes Zimmer?	¿Tienen otra habitación?

Fragen an der Rezeption verstehen

¿Tienen reservado?	Haben Sie reserviert?
¿Para cuántos días?	Für wie viele Tage?
¿Para cuántas personas?	Für wie viele Personen?
Su pasaporte, por favor.	Ihren Ausweis, bitte.
Tenga la llave.	Hier ist Ihr Schlüssel.

Es la habitación número 104, en el primer piso.	Es ist das Zimmer Nummer 104 im ersten Stock.
Lo siento, pero estamos completos.	Tut mir leid, aber wir sind ausgebucht.

Ankunft im Hotel

Wir haben ein Zimmer reserviert.	Hemos reservado una habitación.
– telefonisch	– por teléfono
– per Internet	– por internet
– per Fax	– por fax
Für fünf Nächte.	Para cinco noches.
Für zwei Personen.	Para dos personas.
Vom 14. bis zum 23. August.	Del 14 al 23 de agosto.
Wann gibt es Frühstück?	¿A qué hora es el desayuno?
Wo ist der Speisesaal?	¿Dónde está el comedor?
Wo können wir das Auto parken?	¿Dónde podemos aparcar el coche?
Bleibt die Tür nachts geöffnet?	¿Le puerta queda abierta toda la noche?

Abreise

Wir reisen morgen ab.	Partimos mañana.
Die Rechnung, bitte.	La factura, por favor.
Kann ich mit Kreditkarte bezahlen?	¿Puedo pagar con tarjeta de crédito?
Könnten Sie uns wecken?	¿Nos podría despertar, por favor?
Um 7 Uhr 15 bitte.	A las siete y cuarto, por favor.
Bis wann müssen wir das Zimmer verlassen?	¿Hasta qué hora tenemos que dejar la habitación?
Könnten Sie uns ein Taxi rufen?	¿Nos podría llamar un taxi?

Im Hotel

Aufzug	ascensor *m*, elevador *m*	Schlüssel	llave *w*
Bad	baño *m*	Schwimmbad	piscina *w*
Badewanne	bañera *w*	Speisesaal	comedor *m*
Balkon	balcón *m*	Stockwerk	piso *m*
Decke	manta *w*	Toilette	aseo *m*
Doppelzimmer	habitación doble *w*	Waschbecken	lavabo *m*
		Wasserhahn	grifo *m*
Dusche	ducha *w*		
Einzelzimmer	habitación individual *w*	**Adjektive**	
		ausgebucht	completo/-a
Fernseher	televisor *m*	frei	libre
Frühstück	desayuno *m*	inbegriffen	incluido/-a
Gepäck	equipaje *m*	laut	ruidoso/-a
Handtuch	toalla *w*	ruhig	tranquilo/-a
Heizung	calefacción *w*		
Kissen	almohada *w*	**Verben**	
Meerblick	vista al mar *w*	abreisen	partir
Parkplatz	aparcamiento *m*	funktionieren	funcionar
Rechnung	factura *w*	tropfen	gotear
Reservierung	reserva *w*	verlassen (das Zimmer)	dejar
Sauna	sauna *w*	wecken	despertar

¿Hay un problema?

Wir werden spät ankommen.	Vamos a llegar tarde.
Das Zimmer ist sehr laut.	La habitación es muy ruidosa.
Es gibt kein warmes Wasser.	No hay agua caliente.
Der Wasserhahn tropft.	El grifo gotea.
Das Telefon funktioniert nicht.	El teléfono no funciona.
Wir brauchen noch eine Decke.	Necesitamos una manta más.
Es sind keine Handtücher da.	Faltan las toallas.

Sie schicken eine Reservierungsanfrage an ein Hotel. Erklären Sie, was für ein Zimmer Sie möchten, für wie viele Personen und Nächte und mit welcher Ausstattung.

....

....

1. *Ein Zimmer telefonisch reservieren.* Ergänzen Sie die Sätze mit folgenden Wörtern.

persona · libres · desayuno · julio · habitación

1. Quería reservar una h _ _ _ _ _ _ _ _ _ doble.

2. ¿Tienen habitaciones l _ _ _ _ _ ?

3. ¿Cuánto cuesta la habitación por p _ _ _ _ _ _ ?

4. ¿El d _ _ _ _ _ _ _ está incluido?

5. Entonces, reservamos la habitación del 2 al 4 de j _ _ _ _ .

2. *Sich an der Rezeption informieren.* Vervollständigen Sie den Text.

llave · restaurante · piscina · aparcar · comedor

1. ¿Dónde podemos a _ _ _ _ _ _ el coche?

2. ¿El hotel tiene una p _ _ _ _ _ _ ?

3. ¿Dónde está el c _ _ _ _ _ _ ?

4. La l _ _ _ _ para la habitación número 103, por favor.

5. ¿Hay un r _ _ _ _ _ _ _ _ _ _ bueno por aquí?

3. *Probleme ansprechen, reklamieren.* Ergänzen Sie die Sätze.

agua · aire · vista · Falta

1. El a _ _ _ acondicionado no funciona.

2. No hay a _ _ _ caliente en la ducha.

3. F _ _ _ _ una toalla.

4. La habitación no tiene v _ _ _ _ al mar.

4. *Die Abreise ankündigen.* Setzen Sie die folgenden Wörter ein.

llamar • desayuno • factura • partir • despertar

1. Vamos a p _ _ _ _ _ mañana a las ocho.
2. ¿Nos puede d _ _ _ _ _ _ _ _ a las siete?
3. ¿Nos puede l _ _ _ _ _ un taxi?
4. ¿Puede preparar la f _ _ _ _ _ _ , por favor?
5. ¿A qué hora podemos tomar el d _ _ _ _ _ _ _ ?

5. *Das Allerwichtigste.* Wie drücken Sie das auf Spanisch aus?

Ich möchte ein Einzelzimmer reservieren. ....

Haben Sie ein Doppelzimmer frei? ....

Wie viel kostet das Zimmer pro Nacht? ....

Ist das Frühstück im Preis inbegriffen? ....

Wann gibt es Frühstück? ....

> **Wussten Sie, dass …?**
> … viele kleinere Hotels und die meisten *pensiones* und *hostales* in
> Spanien kein Frühstück anbieten? Das ist kein Problem, denn Sie
> können in jedem Café und in jeder *bar* an der Ecke frühstücken. Dort
> bekommen Sie einen *café con leche*, dazu eine *tostada*, getoastetes
> Weißbrot, und zwar entweder mit *mantequilla* und *mermelada* oder auch
> – typisch spanisch – mit *aceite de oliva* (Olivenöl). An der Theke
> können Sie sich außerdem ein *cruasán* (Croissant), eine *ensaimada*
> (Blätterteigschnecke) oder anderes Gebäck aussuchen.

LECCIÓN 8

In dieser Lección *haben Sie gelernt, sich in einer fremden Stadt zurecht-*
zufinden. Sie können ortskundige Passanten nach dem Weg fragen, eine
Wegbeschreibung verstehen und sie auf dem Stadtplan mitverfolgen.
Jetzt sind Sie fit für einen Stadtbummel in einem spanischsprachigen
Land!
Außerdem lernen Sie hier noch einige wichtige Redemittel, um sich ein
Auto mieten zu können.

STADTBESICHTIGUNG

Sich erkundigen

Gibt es ein Fremdenverkehrsamt?	¿Hay una oficina de turismo?
Wo ist das Zentrum?	¿Dónde está el centro?
Gibt es hier ein interessantes Museum?	¿Hay un museo interesante por aquí?
Wo ist es?	¿Dónde está?
Haben Sie einen Stadtplan?	¿Tiene un plano de la ciudad?
– ein Hotelverzeichnis	– una lista de hoteles
– Prospekte	– folletos
– einen Veranstaltungskalender	– una guía del ocio

Eintritt

Was kostet der Eintritt?	¿Cuánto cuesta la entrada?
Gibt es eine Ermäßigung für Kinder?	¿Hay descuento para niños?
– Studenten	– estudiantes
– Senioren	– mayores
Zwei Eintrittskarten, bitte.	Dos entradas, por favor.

Sehenswürdigkeiten

Altstadt	casco antiguo *m*	Museum	museo *m*
		Rathaus	ayuntamiento *m*
Ausflug	excursión *w*		
Aussicht	vista *w*	Stierkampfarena	plaza de toros *w*
Ausstellung	exposición *w*		
Burg, Schloss	castillo *m*	Theater	teatro *m*
Denkmal	monumento *m*	Turm	torre *w*
Eintrittskarte	entrada *w*	Weinkeller	bodega *w*
Fremden-führer/in	guía *m, w*		
		Verben	
Führung	visita guiada *w*	besichtigen	visitar
Kathedrale, Dom	catedral *w*	fotografieren	tomar fotografías
Kirche	iglesia *w*		
Kloster	monasterio *m*	sich informieren	informarse
Markt	mercado *m*	warten	esperar

¿Hay un problema?

Ich weiß nicht, wie ich reservieren kann.	No sé cómo hacer la reserva.
Ich finde die Eintrittskarten nicht.	No encuentro las entradas.
Gibt es eine Führung auf Deutsch?	¿Hay una visita guiada en alemán?
– auf Englisch	– en inglés
Ich habe mich verlaufen.	Me he perdido.
Ich muss zu dieser Adresse.	Tengo que ir a esta dirección.

BLOC DE NOTAS

Was würden Sie sich gerne ansehen, wenn Sie z. B. in Madrid sind?
Welche Informationen brauchen Sie dazu?

....

....

Was interessiert Sie weniger?

....

....

1. *Sich erkundigen*. Ergänzen Sie die Sätze mit folgenden Wörtern.

automático • Oficina • Estación • parada

1. ¿Hay una p _ _ _ _ _ de autobús por aquí?

2. ¿Hay un cajero a _ _ _ _ _ _ _ _ _ por aquí cerca?

3. ¿Dónde está la O _ _ _ _ _ _ de Turismo, por favor?

4. ¿Dónde está la E _ _ _ _ _ _ _ del Norte?

IN DER STADT UNTERWEGS

Nach dem Weg fragen

Entschuldigung, gibt es hier eine Apotheke?	Perdone, ¿hay una farmacia por aquí?
Gibt es Restaurants hier in der Nähe?	¿Hay restaurantes por aquí?
Wissen Sie, ob es hier eine Bank gibt?	¿Sabe si hay un banco por aquí?
Zum Prado-Museum, bitte?	¿Al Museo del Prado, por favor?
Ist das weit?	¿Está lejos?
Wie komme ich zum Hafen?	¿Cómo voy al puerto?
Wie kommen wir zum Hotel Meliá?	¿Cómo vamos al Hotel Meliá?

Eine Wegbeschreibung verstehen

La parada está al final de esta calle.	Die Haltestelle ist am Ende dieser Straße.
Está a tres minutos de aquí.	Sie ist drei Minuten von hier entfernt.
Tiene que girar a la derecha.	Sie müssen rechts abbiegen.
Usted sigue todo recto.	Sie gehen immer geradeaus.
Tiene que cruzar el puente.	Sie müssen die Brücke überqueren.
Usted toma la primera calle a la izquierda.	Sie nehmen die erste Straße links.
Va hasta el final de esta calle.	Sie gehen bis zum Ende der Straße.
Toma la segunda a la derecha.	Sie nehmen die zweite rechts.
Usted cruza la plaza.	Sie überqueren den Platz.

Sich nach Öffnungszeiten erkundigen

Wann öffnet die Bank?	¿Cuándo abre el banco?
Um wie viel Uhr schließt das Museum?	¿A qué hora cierra el museo?
Ist montags geöffnet?	¿Está abierto los lunes?

Ist das Geschäft nachmittags geschlossen?	¿La tienda está cerrada por la tarde?
Schließen Sie mittags?	¿Cierran al mediodía?

Ein Auto mieten

Ich möchte (gern) ein Auto mieten.	Quería alquilar un coche.
Für eine Woche / zwei Wochen.	Para una semana / dos semanas.
Wie viel kostet es pro Tag/Woche?	¿Cuánto cuesta por día/semana?
Gibt es eine Kilometerbegrenzung?	¿Hay un límite de kilómetros?
Ist das Fahrzeug vollkasko-versichert?	¿El coche está asegurado a todo riesgo?
Wann/Wo muss ich das Auto zurückgeben?	¿Cuándo/Dónde tengo que devolver el coche?
Welches Benzin muss ich tanken?	¿Qué gasolina tengo que meter?

In der Stadt

Ampel	semáforo *m*	Parkuhr	parquímetro *m*
Ausfahrt	salida *w*	Rastplatz	área de descanso *w*
Autobahn	autopista *w*		
Baustelle	obras *wPl*	Richtung	dirección *w*
Benzin	gasolina *w*	Stau	atasco *m*
Brücke	puente *m*	Tankstelle	gasolinera *w*
Diesel	diesel *m*, gasóleo *m*	Umleitung	desvío *m*
		Unfall	accidente *m*
Fußgängerzone	zona peatonal *w*	Versicherung	seguro *m*
		Werkstatt	taller *m*
Hauptplatz	Plaza Mayor *w*		
Kreisverkehr	sentido giratorio *m*	**Verben**	
		abbiegen	girar
Kreuzung	cruce *m*	gehen bis …	ir hasta…
Landstraße	carretera *w*	öffnen	abrir
Maut(stelle)	peaje *m*	schließen	cerrar
Panne	avería *w*	überqueren	cruzar
Parkgarage	garaje *m*	weitergehen	seguir

2. *Nach dem Weg fragen*. Ergänzen Sie diese Wörter.

Está • va • hay • está

1. Perdone, ¿dónde e _ _ _ la Estación Central?

2. ¿Sabe si h _ _ una farmacia por aquí?

3. ¿E _ _ _ muy lejos?

4. ¿Cómo se v _ al museo Chillida?

3. *Einen Weg beschreiben.* Vervollständigen Sie die Sätze.

Va • Cruza • Sigue • gira • toma

1. Usted t _ _ _ la primera calle a la derecha.

2. V _ hasta el final de esta calle.

3. S _ _ _ _ todo recto.

4. C _ _ _ _ la plaza.

5. Después, g _ _ _ a la izquierda.

4. *Öffnungszeiten angeben.* Fügen Sie die passenden Wörter ein.

cierra • abre • cerrada • abierta

1. ¿El Correo a _ _ _ los sábados?

2. ¿La oficina está a _ _ _ _ _ _ hasta qué hora?

3. El supermercado no c _ _ _ _ _ a mediodía.

4. La peluquería está c _ _ _ _ _ _ los miércoles por la tarde.

5. *Das Allerwichtigste.* Wie drücken Sie das auf Spanisch aus?

Wo ist die Post? ....

Schließen Sie mittags? ....

Wie komme ich zum Bahnhof? ....

Ist das weit? ....

Ich möchte ein Auto mieten. ....

Wie viel kostet das pro Woche? ....

Wussten Sie, dass …?

… die meisten kleineren Läden in Spanien mittags, also ab etwa 14 Uhr, zwei bis drei Stunden lang schließen? Größere Geschäfte, Kaufhäuser und Einkaufszentren haben durchgehend geöffnet. Dafür sind die Öffnungszeiten am Abend meist länger als bei uns, nämlich bis 21 oder 22 Uhr. Das gilt in der Regel auch an Samstagen.

LECCIÓN 9

In dieser Lección *haben Sie gelernt, über den Alltag und den normalen Tagesablauf zu sprechen. Sie haben die wichtigsten Verkehrsmittel kennengelernt und wissen jetzt, wie man einen Ausflug plant und sich im Fremdenverkehrsamt oder im Reisebüro nach Einzelheiten erkundigen kann.*

Außerdem erfahren Sie hier, wie Sie sich problemlos im Stadtverkehr fortbewegen können und wie Sie am Bahnhof zurechtkommen, wenn Sie mit dem Zug fahren wollen.

IM STADTVERKEHR

Bus, Straßenbahn, U-Bahn

Gibt es einen Bus nach …?	¿Hay un autobús a…?
Wo fährt er ab?	¿De dónde sale?
Wie lang dauert die Fahrt?	¿Cuánto dura el trayecto?
Wo ist die nächste Haltestelle?	¿Dónde está la próxima parada?
Welche U-Bahn fährt nach …?	¿Qué metro va a…?
Wie viele Stationen sind es?	¿Cuántas estaciones son?
Ist das der Bus nach …?	¿Este es el autobús a…?
Wo muss ich aussteigen?	¿Dónde tengo que bajar?
Wo kann ich den Fahrschein kaufen?	¿Dónde puedo comprar el billete?
Wie viel kostet das?	¿Cuánto cuesta?

Mit dem Taxi

Zum Flughafen, bitte!	Al aeropuerto, por favor.
Zum Hotel Playa y Mar, bitte!	Al hotel Playa y Mar, por favor.
Was kostet die Fahrt nach …?	¿Cuánto cuesta el trayecto a…?
Halten Sie bitte hier!	Pare aquí, por favor.
Das ist für Sie! (*Trinkgeld*)	Es para usted.

1. *Sich nach einem Verkehrsmittel erkundigen.* Ergänzen Sie die folgenden Sätze.

sale • parada • autobús • comprar • billete

1. ¿Hay un a _ _ _ _ _ _ a la playa?
2. ¿De dónde s _ _ _ ?
3. ¿Dónde está la p _ _ _ _ _ ?
4. ¿Cuánto cuesta el b _ _ _ _ _ _?
5. ¿Dónde puedo c _ _ _ _ _ _ el billete?

AM BAHNHOF

Eine Fahrkarte kaufen

Eine Fahrkarte nach Sevilla, bitte.	Un billete para Sevilla, por favor.
Hin- und Rückfahrt, bitte.	Ida y vuelta, por favor.
Nur die Hinfahrt.	Solo ida.
Gibt es Ermäßigungen?	¿Hay descuentos?
Ich möchte einen Platz reservieren.	Quería reservar un asiento.

Sich informieren

Wann fährt der nächste Zug nach …?	¿Cuándo sale el próximo tren a…?
Gibt es einen Zug nach …?	¿Hay un tren a…?
Von welchem Bahnsteig?	¿De qué andén?
Wo ist der Waggon Nummer fünf?	¿Dónde esta el vagón número cinco?
Wann kommt der Zug in … an?	¿Cuándo llega el tren a…?

Am Schalter alles verstehen

¿Primera o segunda clase?	Erste oder zweite Klasse?
¿Ida y vuelta o solo ida?	Hin- und Rückfahrt oder nur einfach?
Tiene que hacer trasbordo en…	Sie müssen in … umsteigen.
El tren sale en diez minutos.	Der Zug fährt in zehn Minuten ab.
Sale a las nueve y cuarenta y cinco, andén doce.	Er fährt um 9:45 Uhr am Bahnsteig zwölf ab.

Durchsagen am Bahnhof verstehen

El próximo tren con destino a Madrid sale del andén cuatro.	Der nächste Zug Richtung Madrid fährt am Gleis vier ab.
El tren procedente de Toledo lleva diez minutos de retraso.	Der Zug aus Toledo hat zehn Minuten Verspätung.

Am Bahnhof

Abfahrt	salida *w*	Zug	tren *m*
Ankunft	llegada *w*	Zuschlag	suplemento *m*
ausgenommen	excepto		
Bahnhof	estación *w*	**Im Zug**	
Bahnsteig	andén *m*	Abteil	compartimento *m*
Fahrkarte	billete *m*		
Fahrplan	horario *m*	Speisewagen	coche restaurante *m*
Gepäck	equipaje *m*		
Gepäckaufbe- wahrung	consigna *w*	Toiletten	aseos *mPl*
		Schaffner	revisor *m*
Hochgeschwin- digkeitszug	AVE *m*	**Verben**	
(Sitz)Platz	asiento *m*	abfahren	salir
Reservierung	reserva *w*	ankommen	llegar
Richtung	destino *m*	reservieren	reservar
Schalter	taquilla *w*	umsteigen	hacer trasbordo
Verspätung	retraso *m*	warten	esperar
Waggon	vagón *m*		
Wartesaal	sala de espera *w*		

¿Hay un problema?

Ich habe meinen Zug verpasst.	He perdido mi tren.
Ich habe meine Fahrkarte verloren.	He perdido el billete.
Kann ich die Fahrkarte im Zug kaufen?	¿Puedo comprar el billete en el tren?
Entschuldigung, aber das ist mein Platz.	Perdone, pero este es mi asiento.
Ich habe eine Reservierung.	Tengo una reserva.

BLOC DE NOTAS

Sie wollen herausfinden, ob Sie mit dem Zug von Málaga nach Granada fahren können. Fragen Sie, wie viel die Fahrkarte kostet, ob Sie umsteigen müssen etc.

....

....

2. *Eine Fahrkarte kaufen.* Ergänzen Sie die Sätze.

ida • euros • andén • vuelta • billete • descuentos • sale • mayores • Adiós

○ Buenos días. Quería un b _ _ _ _ _ _ a Valencia.

● ¿Ida y v _ _ _ _ _ ?

○ No, sólo i _ _ .

● Son veinticinco e _ _ _ _ .

○ ¿Hay d _ _ _ _ _ _ _ _ _ ?

● Sólo para m _ _ _ _ _ _ .

○ Vale. ¿A qué hora s _ _ _ ?

● A las 9:30, a _ _ _ _ 4.

○ Gracias. A _ _ _ _ .

3. *Sich erkundigen*. Vervollständigen Sie die Fragen.

De dónde • A qué hora • Dónde

1. ¿D _ _ _ _ está el andén seis?

2. ¿D_ _ _ _ _ _ sale el tren a Barcelona?

3. ¿A _ _ _ _ _ _ _ sale el tren a Madrid?

4. *Das Allerwichtigste*. Wie drücken Sie das auf Spanisch aus?

Ich möchte eine Fahrkarte nach Málaga. ....

Zweite Klasse, bitte. ....

Hin- und Rückfahrt, bitte. ....

Wann fährt der Zug ab? ....

Von welchem Bahnsteig? ....

Wann kommt er in Málaga an? ....

> Wussten Sie, dass …?
> … der Hochgeschwindigkeitszug AVE (Alta Velocidad Española) die
> Strecke Madrid-Sevilla (471 km) in nur 2 Stunden und 15 Minuten non-
> stop zurücklegt? Die Strecke Madrid-Barcelona (625 km) schafft der
> AVE in 2 Stunden und 30 Minuten – eine ernsthafte Konkurrenz für das
> Flugzeug also! Weitere Strecken sind z. B. Madrid-Valladolid (180 km)
> in 56 Minuten oder Madrid-Málaga (560 km) in gerade einmal
> 2 Stunden und 30 Minuten.

LECCIÓN 10

In dieser Lección *haben Sie gelernt, über Vergangenes zu sprechen und auf eine Einladung zu reagieren. Sie können sich z. B. bedanken oder auch für Ihre Verspätung entschuldigen. Außerdem wissen Sie, wie man das Datum angibt und wie die wichtigsten Feiertage in Spanien und Lateinamerika heißen.*

Hier lernen Sie nun, wie Sie eine Verabredung treffen, und Sie können Ihren Wortschatz zum Thema „Ausgehen" erweitern.

EINLADUNG

Jemanden einladen

Möchtest du auf meine Party kommen?	¿Quieres venir a mi fiesta?
Ich lade euch zu einer kleinen Feier ein.	Os invito a una pequeña fiesta.
Am Freitag ist mein Geburtstagsfest.	El viernes es mi fiesta de cumpleaños.
Ich lade dich auf ein Bier ein.	Te invito a una cerveza.

Eine Einladung annehmen oder ablehnen

Danke für die Einladung!	Gracias por la invitación.
Natürlich komme ich zu deinem Fest!	Claro que voy a tu fiesta.
Es tut mir leid, aber ich kann nicht kommen.	Lo siento, pero no puedo ir.

Einladungen

Einladung	invitación *w*	Herzlichen Glückwunsch!	¡Felicidades! *wPl*
Geburtstag	cumpleaños *mSg (!)*	Karte	tarjeta *w*
Geburtstagskind	cumpleañero/-a	Party	fiesta *w*
Geschenk	regalo *m*	Taufe	bautizo *m*
Hochzeit	boda *w*		

1. *Eine Einladung annehmen oder ablehnen.* Ergänzen Sie die Sätze.

puedo • siento • por • voy

1. Gracias p _ _ la invitación.
2. Claro que v _ _ a ir a tu fiesta.
3. No p _ _ _ _ ir a tu fiesta.
4. Lo s _ _ _ _ _ mucho.

VERABREDUNGEN

Sich verabreden

Gehen wir einen Kaffee trinken?	¿Vamos a tomar un café?
Wohin gehen wir?	¿Adónde vamos?
Möchtest du mit mir ins Kino gehen?	¿Quieres ir conmigo al cine?
Ich lade dich zum Essen ein.	Te invito a comer.
Ich lade Sie ein.	Le invito.
Gehen wir heute Abend aus?	¿Salimos esta noche?
Wo treffen wir uns?	¿Dónde nos encontramos?
Um 22:00 Uhr vor dem Kino.	A las veintidós horas delante del cine.
Am Dienstag um 13:30 Uhr.	El martes a la una y media.
Also dann, bis Dienstag um 14:00 Uhr!	Entonces hasta el martes a las catorce horas.

Sich entschuldigen

Entschuldigen Sie die Verspätung.	Perdone el retraso.
Entschuldige, dass ich so spät komme.	Perdona por llegar tarde.
Es tut mir wirklich leid.	Lo siento mucho.
Entschuldige, aber ich habe den Bus verpasst.	Perdona, pero es que he perdido el autobús.

Auf eine Entschuldigung reagieren

Ist schon gut.	Está bien.
Mach dir keine Gedanken.	No te preocupes.
Macht nichts!	No pasa nada.
Nur keine Aufregung!	Tranquilo/-a.
Es waren doch nur zehn Minuten.	Solo han sido diez minutos.
Ich bin auch zu spät gekommen.	También he llegado tarde.

Ausgehen

Abendessen	cena *w*	Theater	teatro *m*
Bar, Kneipe	bar *m*, tasca *w*	Vorverkauf	venta anticipada *w*
Bierlokal	cervecería *w*		
Diskothek	discoteca *w*	Weinlokal	bodega *w*
Eintrittskarte	entrada *w*	Zugabe!	¡Otra!
Film	película *w*		
Kino	cine *m*	**Verben**	
Konzert	concierto *m*	ausgehen	salir
Mittagessen	comida *w*, almuerzo *m*	einladen	invitar
		sich treffen	encontrarse
Pause	descanso *m*	vergessen	olvidar
Premiere	estreno *m*	verpassen	perder

¿Hay un problema?

Ich kann heute leider nicht kommen.	Lo siento, pero hoy no puedo venir.
Um 14 Uhr kann ich nicht kommen.	No puedo venir a las dos.
Ich werde später kommen.	Voy a llegar más tarde.
Ich kann nicht früher aus der Arbeit weggehen.	No puedo salir antes del trabajo.
Ich weiß nicht, wo das Kino ist.	No sé dónde está el cine.
Ich weiß nicht, wie ich dort hinkomme.	No sé cómo llegar allí.

BLOC DE NOTAS

Gehen Sie gerne aus? Was machen Sie am liebsten?

....

....

2. *Fragen stellen.* **Setzen Sie das richtige Fragewort ein.**

A qué hora · Dónde · Qué · Por qué

1. ¿.................... hacemos esta noche?

2. ¿ .... nos encontramos?

3. ¿.................... empieza el teatro?

4. ¿.................... no nos encontramos delante del cine?

3. *Etwas Vergangenes erzählen.* **Setzen Sie die Verben ins Perfekt.**

1. Bea (*invitar*) .... a todos sus amigos.

2. Isabel y Peter (*ir*) .... a la fiesta de Isabel.

3. Todos (*cantar*) .... el «Cumpleaños feliz».

4. Víctor (*comprar*) .... un cedé para Bea.

5. Isabel (*conocer*) .... a Peter en la fiesta.

6. Ángel no (*poder*) .... venir porque está de vacaciones.

4. *Das Allerwichtigste.* **Wie drücken Sie das auf Spanisch aus?**

Was machen wir heute Abend? ....

Gehen wir ins Kino? ....

Möchtest du mit mir ins Theater gehen? ....

Ich lade dich zum Essen ein. ....

Wo treffen wir uns? ....

Wann treffen wir uns? ....

Um 20 Uhr vor dem Kino. ....

> ### Wussten Sie, dass …?
> … die Spanier vor allem am Wochenende sehr gerne ausgehen? Der
> Abend wird mit einem *aperitivo* eingeläutet, also z. B. einem Glas Bier
> und einer Kleinigkeit zum Essen dazu. Nach dem – üppigeren –
> Abendessen wird durch die Kneipen gebummelt; man nennt das *ir de
> copas* oder *copeo*. Beachten Sie, dass sich wegen der späten Essens-
> zeiten auch das Abendprogramm zeitlich nach hinten verschiebt. Kino,
> Konzerte und Theater beginnen in der Regel erheblich später als in
> Deutschland, und auch die Diskotheken öffnen meist erst spät nachts.

LECCIÓN 11

In dieser Lección *haben Sie gelernt, über Ihre Hobbys und Freizeit-aktivitäten zu sprechen und zu sagen, was Ihnen Spaß macht und was Ihnen nicht so gut gefällt. Sie können Ihre Fähigkeiten und Kenntnisse angeben und ausdrücken, was Sie gerne einmal tun würden.*
Vielleicht haben Sie ja Lust, auch im Urlaub Ihren Hobbys nachzuge-hen? Dann können Sie hier noch einige wichtige Redemittel lernen.

IN DER FREIZEIT

Vorlieben ausdrücken

Ich tanze sehr gern, und du?	Me gusta mucho bailar, ¿y a ti?
Gehen Sie gern einkaufen?	¿Le gusta ir de compras?
Kochen gefällt mir überhaupt nicht.	Cocinar no me gusta nada.
Ich sehe nicht gern fern.	No me gusta ver la televisión.
Wir wandern sehr gern.	Nos encanta el senderismo.
Fahrradfahren gefällt ihr.	Le gusta ir en bicicleta.
Mir auch.	A mí también.
Mir nicht.	A mí no.
Ich verreise nicht gern.	No me gusta viajar.
Ich auch nicht.	A mí tampoco.
Ich schon!	A mí sí.

Über Kenntnisse und Fähigkeiten sprechen

Kannst du ein Instrument spielen?	¿Sabes tocar un instrumento?
Ich kann Klavier spielen, aber nicht sehr gut.	Sé tocar el piano, pero no muy bien.
Können Sie kochen?	¿Usted sabe cocinar?
Ja, und ich liebe die mexikanische Küche.	Sí, y me encanta la cocina mexicana.

Wieso und wozu?

Warum lernst du Spanisch?	¿Por qué aprendes español?
Weil es mir gefällt.	Porque me gusta.
Weil wir Freunde in Chile haben.	Porque tenemos amigos en Chile.
Damit ich in Spanien leben kann.	Para poder vivir en España.

Was würden Sie gerne tun?

Ich würde gern Chinesisch lernen.	Me gustaría aprender chino.
Wir würden gern eine Weltreise machen.	Nos gustaría hacer un viaje por el mundo.
Tom würde gern einen Kochkurs machen.	A Tom le gustaría hacer un curso de cocina.

1. *Sich über Hobbys unterhalten.* Ergänzen Sie die Sätze.

encanta • esquiar • gusta • bailar • viajar • mí • tampoco • también • sí • televisión

○ Ana, ¿te gusta b _ _ _ _ _ ?
● Sí, me e _ _ _ _ _ _ .

○ ¿Le gusta e _ _ _ _ _ _ , señor Meier?
● No, no me g _ _ _ _ nada.

○ Me encanta v _ _ _ _ _ . ¿Y a ti?
● A mí t _ _ _ _ _ _ .
▲ Pues, a m _ no.

○ No me gusta nada ver la t _ _ _ _ _ _ _ _ _ .
● A mí t _ _ _ _ _ _ . ¿Y a ti, Luis?
▲ Pues a mí s _ .

2. *Sagen, was man gerne macht.* Antworten Sie auf die Fragen.

○ Me gusta jugar al fútbol. ¿Y a usted?
● A mí ....

○ Nos gusta mucho estudiar idiomas. ¿Y a usted?
● A mí ....

○ ¿Le gusta hacer senderismo?
● ....

○ ¿Toca algún instrumento?

● ....

3. *Sagen, was man nicht gerne macht.* Antworten Sie auf die Fragen.

○ No me gusta cantar. ¿Y a usted?

● A mí ....

○ No nos gusta el tango. ¿Y a usted?

● A mí ....

○ A Valentín no le gusta su trabajo. ¿Y a ti?

● A mí ....

URLAUB AKTIV

Urlaub aktiv

Gibt es hier ein Schwimmbad?	¿Hay una piscina aquí?
– ein Hallenbad	– una piscina cubierta
Ich möchte ein Boot mieten.	Quería alquilar una barca.
Wir möchten Tennis spielen.	Queríamos jugar al tenis.
Wie viel kostet die Stunde?	¿Cuánto cuesta la hora?
Ich möchte einen Tauchkurs machen.	Me gustaría hacer un curso de buceo.
Ich bin Anfänger/in.	Soy principiante.
– Fortgeschrittene/r	– avanzado/-a
Kann man hier Fahrräder mieten?	¿Se pueden alquilar bicicletas?
Spielen Sie Volleyball?	¿Ustedes juegan al voleibol?
Kann ich mitspielen?	¿Puedo jugar con vosotros?

Aktivurlaub

Ball (klein)	pelota *w*	Sauna	sauna *w*
Ball (Fußball)	balón *m*	Schach	ajedrez *m*
Basketball	baloncesto *m*	Schlauchboot	bote neumático *m*
Fitnessstudio	gimnasio *m*		
Fußball	fútbol *m*	schnorcheln	bucear con esnórquel
Gymnastik	gimnasia *w*		
Jogging	footing *m*	Schwimmflossen	aletas *wPl*
Kajak	cayac *m*	Schwimmflügel	manguitos *mPl*
Mountainbike	bicicleta de montaña *w*	Segelboot	barco de vela *m*
		Spielplatz	parque infantil *m*
reiten	montar a caballo		
		Sport	deporte *m*
Reiten	equitación	tauchen	bucear
Ruderboot	barca de remos *w*	Volleyball	voleibol *m*

¿Hay un problema?

Mich hat eine Qualle verletzt.	Me ha picado una medusa.
Ich brauche eine neue Badehose.	Necesito un bañador nuevo.
Ich habe meinen Tauchschein verloren.	He perdido el carné de bucear.
Ich finde mein Fahrrad nicht.	No encuentro mi bicicleta.
Das Fahrrad ist kaputt.	La bicicleta está rota.

BLOC DE NOTAS

Sind Sie Aktivurlauber/Aktivurlauberin oder haben Sie ganz andere Interessen? Erzählen Sie von sich.

....

....

4. *Sich über Sport und Freizeitaktivitäten unterhalten.* Ergänzen Sie die Sätze.

curso • instrumento • ajedrez • español • voleibol

1. ¿Quiere jugar al v _ _ _ _ _ _ _ con nosotros?
2. ¿Sabe jugar al a _ _ _ _ _ _ ?
3. ¿Le gustaría hacer un c _ _ _ _ de tango?
4. ¿Toca un i _ _ _ _ _ _ _ _ _ _ ?
5. ¿Le gustaría hacer un curso de e _ _ _ _ _ _ ?

5. *Das Allerwichtigste.* Wie drücken Sie das auf Spanisch aus?

Ich möchte ein Mountainbike mieten. ....

Wie viel kostet die Stunde? ....

Ich möchte einen ...-Kurs machen. ....

Ich bin Anfänger/in. ....

Spielen Sie Schach? ....

Wollen Sie mit mir spielen? ....

Darf ich mitspielen? ....

Wussten Sie, dass ...?

... in Sachen Freizeit bei Spaniern und Lateinamerikanern Familie und Freunde an erster Stelle stehen? Einer bestimmten Sportart oder dem eigenen Hobby wird meist kein so großer Stellenwert beigemessen. Denn wichtig ist nicht so sehr, *was* man tut, sondern *mit wem* man es tut! Aber auch Erholung und Entspannung, gemeinsames Faulenzen und gute Gespräche spielen eine große Rolle.

LECCIÓN 12

In dieser Lección *haben Sie gelernt, von den Reisen zu erzählen, die Sie unternommen haben, von den Ländern, die Sie gesehen haben, und natürlich auch von den Menschen, denen Sie dort begegnet sind. Hier haben Sie nun Gelegenheit, noch einmal Ihren Reise-Smalltalk zu üben. Außerdem lernen Sie, ein bisschen über das Wetter zu fachsimpeln. Und Sie lernen die wichtigsten Redemittel, um sich problemlos am Flughafen zurechtzufinden.*

REISEZEIT

Über das Wetter sprechen

Was für ein tolles Wetter!	¡Qué tiempo tan maravilloso!
Was für eine Hitze!	¡Qué calor!
Wie ist das Wetter?	¿Qué tiempo hace?
Das Wetter ist schlecht.	Hace mal tiempo.
Es regnet.	Llueve.
Es ist kalt.	Hace frío.
Die Sonne scheint.	Brilla el sol.
Es ist sehr warm.	Hace mucho calor.
Das Klima ist heiß und trocken.	El clima es caluroso y seco.
Im Sommer regnet es fast nie.	En verano no llueve casi nunca.
In Galicien regnet es auch im August.	En Galicia llueve también en agosto.

Wetter

feucht	húmedo/-a	Trockenheit	sequía *w*
Hitze	calor *m*	warm	caliente
kalt	frío/-a	heiß	caluroso/-a
Luft	aire *m*	Wasser-	temperatura
Regen	lluvia *w*	temperatur	del agua *w*
Schnee	nieve *w*	Wetter	tiempo *m*
Sonne	sol *m*	Wind	viento *m*
Temperatur	temperatura *w*	Wolke	nube *w*
trocken	seco/-a		

Über den Urlaub sprechen

Reisen Sie gern?	¿Le gusta viajar?
Wo waren Sie im letzten Urlaub?	¿Dónde estuvo en las últimas vacaciones?
Waren Sie schon einmal in Spanien?	¿Ha estado alguna vez en España?
Wohin fahren Sie dieses Jahr?	¿Adónde va este año?
Wann fahren Sie in Urlaub?	¿Cuándo va de vacaciones?
Wo verbringen Sie gern Ihre Ferien?	¿Dónde le gusta pasar sus vacaciones?
Wohin reisen Sie nächstes Jahr?	¿Adónde va el próximo año?
Wir fliegen nach Costa Rica.	Vamos en avión a Costa Rica.
Was machst du gern im Urlaub?	¿Qué te gusta hacer en las vacaciones?
Gute Reise!	¡Buen viaje!

Reisen

Gebirge	montaña *w*	Schiffsreise	viaje en barco *m*
Küste	costa *w*		
Landschaft	paisaje *m*	Kreuzfahrt	crucero *m*
Meer	mar *m*	Pauschalreise	viaje organizado *m*
Freizeitpark	parque de atracciones *m*		
See	lago *m*	all inclusive	todo incluido
Fluss	río *m*	Last Minute	de último minuto
Strand	playa *w*		
Ferien, Urlaub	vacaciones *wPl*	Spezialtarife	tarifas especiales *wPl*
Flugreise	viaje en avión *m*	Rundreise	vuelta *w*

1. *Über das Wetter reden.* Ergänzen Sie den Text.

sol • llueve • tiempo • frío • calor

1. Hoy hace muy buen t _ _ _ _ _ .
2. En la montaña hace f _ _ _ .
3. En la costa hace s _ _ .
4. En Galicia l _ _ _ _ _ bastante.
5. ¡Qué c _ _ _ _ !

2. *Sich über das Reisen unterhalten.* Ergänzen Sie die Sätze.

1. El año pasado viajamos a .... (*Spanien*).
2. ¿Ha estado alguna vez en .... (*Argentinien*)?
3. En 2008 hicimos el .... (*Jakobsweg*)
4. ¿Ha estado ya en un país de .... (*Lateinamerika*)?

3. *Über Reiseerfahrungen berichten.* Ergänzen Sie die Verben im Indefinido.

1. En 2007 Leonardo .... (estar) en Granada.
2. En julio los señores Müller .... (visitar) a su ahijado en Colombia.
3. El año pasado (yo) .... (hacer) un curso de español en Salamanca.
4. Diana, ¿dónde .... (aprender) a bailar sevillanas? ¿En Sevilla?
5. El mes pasado .... (realizar) mi sueño: conocer los Andes.

AM FLUGHAFEN

Einen Flug buchen

Ich möchte einen Flug buchen nach ...	Quería reservar un vuelo a...
Wir möchten unseren Flug umbuchen.	Queríamos cambiar nuestro vuelo.
Ich möchte unsere Flüge bestätigen.	Quería confirmar nuestros vuelos.
Gibt es noch einen anderer Flug nach …?	¿Hay otro vuelo a...?
Gibt es einen billigeren Flug?	¿Hay un vuelo más barato?
Wo ist der Lufthansa-Schalter?	¿Dónde está el mostrador de Lufthansa?

Durchsagen am Flughafen verstehen

Vuelo de Iberia con destino a Francfort: embarquen por la puerta número seis, por favor.

Der Iberiaflug nach Frankfurt am Gate sechs ist zum Einsteigen bereit.

Último aviso para los pasajeros con destino a México D. F.

Letzter Aufruf für die Passagiere nach Mexiko-Stadt.

Am Flughafen

(Abflug-)Gate	puerta (de embarque) *w*	Gepäckwagen	carrito *m*
Abflug	salida *w*	Handgepäck	equipaje de mano *m*
Ankunft	llegada *w*	Hin- und Rückflug	vuelo de ida y vuelta *m*
Direktflug	vuelo directo *m*		
Fenster	ventanilla *w*	Information	información *w*
Flug	vuelo *m*	Landung	aterrizaje *m*
Fluggesellschaft	compañía aérea *w*	Passagier	pasajero *m*
		Reklamationen	reclamaciones *wPl*
Flughafen	aeropuerto *m*		
Flugzeug	avión *m*	Richtung	destino *m*
Gang	pasillo *m*	Schalter	taquilla *w*
Gepäck	equipaje *m*	Start	despegue *m*
Gepäckaufbewahrung	consigna *w*	Stewardess	azafata *w*
		Terminal	terminal *w*
Gepäckausgabe	recogida de equipajes *w*	Ticket	billete *m*, pasaje *m*
Gepäckband	cinta de equipaje *w*	Zwischenlandung	escala *w*

¿Hay un problema?

Ich habe meinen Flug verpasst.
He perdido mi vuelo.

Ich finde mein Ticket nicht.
No encuentro mi pasaje.

Entschuldigung, aber das ist mein Platz.
Perdone, pero este es mi asiento.

Unser Gepäck ist nicht da.
Nuestro equipaje no ha llegado.

Mein Koffer ist beschädigt.
Mi maleta está estropeada.

4. *Das Allerwichtigste.* Wie drücken Sie das auf Spanisch aus?

Ich möchte einen Flug nach Mallorca buchen. ....

....

Wo ist der Lufthansa-Schalter? ....

....

Wo ist Gate C12? ....

Wie ist das Wetter in Madrid? ....

Gute Reise! ....

Wussten Sie, dass ...?
... es in Spanien verschiedene Klimazonen gibt? Atlantisches Meeresklima bestimmt den Nordenwesten (Galicien); in der zentralen Hochebene, in der Madrid liegt, herrscht Kontinentalklima; die Mittelmeerküsten und die Balearen (Mallorca) haben Mittelmeerklima; auf den Kanaren (z. B. Teneriffa) ist das Klima subtropisch, und die Pyrenäen weisen Gebirgsklima auf. Aber nicht nur in dieser Hinsicht gibt es in Spanien noch viel zu entdecken! Viel Spaß und *¡buen viaje!*